AF200522

Peter J. Heuser

Wellenschlag – Flügelrauschen

Bibliografische Information der Deutschen Nationalbibliothek

Die Deutsche Nationalbibliothek verzeichnet diese Publikation
in der Deutschen Nationalbibliografie; detaillierte bibliografische
Daten sind im Internet über http://dnb.d-nb.de abrufbar.

2. Auflage, September 2019

Titelfoto © Peter J. Heuser:
Strand auf Langeoog

Covergestaltung: Ralf Wolf
Layout & Satz: www.autorenservice.net

Herstellung und Verlag:
BoD – Books on Demand, Norderstedt

ISBN 9-783-7448-1696-0

Peter J. Heuser

Wellenschlag
Flügelrauschen

Meerische Gedichte

Peter J. Heuser

geboren 1940 in Bremen
lebte in Köln, Düsseldorf, Frankfurt/M. und Kerkrade/NL
heute lebt er in Aachen
schreibt Prosa und Lyrik
Veröffentlichungen in Zeitungen, Magazinen und Rundfunk
2011 erschien sein Gedichtband „BLICKSINNIG – sta(d)tt liebe
me(e)hr", Verlag Mainz, Aachen
2013 veröffentlichte er den Gedichtband „ZEIT WEISE SICHT,
WEISE SICHT ZEIT, SICHT ZEIT WEISE", Verlag Mainz, Aachen
2015 erschien „ZEIT FÜR ... GEDICHTE", CreateSpace (Amazon)

Inhalt

„Ein Mensch ohne Phantasie

ist wie ein Vogel ohne Flügel.“

Wilhelm Raabe

Sprache der Möwen

Der Sommertag nahm die Insel

behutsam in die Arme

unbeschwert gab sich der Himmel

Wolken spielten im Abseits

das Meer hatte auf uns gewartet

es kam näher und küsste uns die Füße

die Wellen schrieben mit schaumiger Tinte

ihre Botschaften in den Sand

Möwen fielen den Spatzen ins Wort

Frische Brise von Nordwest

weiße Segel reiten

wenn der Wind aufläuft

suchen Wolken das Weite

das Meer springt von Welle zu Welle

es riecht nach Fisch

Du spürst das Salz auf der Zunge

Bunte Gräser wiegen
sich leise im Wind
goldgelbe Löwenmäulchen
und roter Klee verstecken
sich hinter wogenden Halmen
ein Fasan hebt den roten Kopf
flieht mit entrüstetem Schrei
der Himmel reißt die Tore auf
die Sonne spendet mildes Licht

Weiß und schaumig wälzt sich das Meer
zittert und blubbert
milchige Flocken wogen
das Meer wäscht junges Gemüse
im schaumigen Bad

Mit allen Wassern gewaschen
rollt die See überspringt den
eigenen Schatten fängt Licht
aus den Wolken zieht
himmelwärts

Sicht der Vögel

in windgetriebener Höhe

wolkiger Dialog

indiskrete Blicke

in fremde Körbe

hautnahes Strandgeflüster

Möwen kreisen über

wandernden Dünen

Sie verloren an Boden

es trug sie empor auf

den Flügeln des Windes

über ihnen wolkige Wächter

am himmlischen Blau

segelten sie in grenzenlose Weite

unter ihnen versank

was ihnen wichtig war

Bewegte Tage singen aufs Neue

Düfte streichen durchs schwingende Grün

Du hörst Fiepen aus Nestern

siehst die sprungbereite Katze

flatternde Angst im neuen Leben

Im freien Fall lärmen Möwen

der Wind kämmt den Strandhafer

Dünentäler Buschrosen duften

im Ahornwald ruft der Kuckuck

der Leuchtturm Gezeitenauge

erhobener Finger in rotweiß

rostbraun dümpelt ein Kahn

in versandeter Bucht

Sand in Kinderhand
Muschelscherben
am Strand tragen Vögel
die Mittagszeit im Schnabel
im Schatten der Felsen
rastet ein Wanderer
sein Fernglas
schärft den Horizont
schaut in die Wut der Flut

Der Wind dreht auf
Wellen rühren schäumen reiten
Licht vagabundiert durch die Dünen
der wolkenbewegte Himmel
schenkt uns Sonnenmomente

Blicke aufs Meer

Der frühe Tag fischt die Sonne aus dem Meer

goldene Fracht aus verwehten Träumen

es silbert und zappelt im Netz

sehnige Arme sortieren Leben und Tod

das Meer schiebt Geschenke an den Strand

es muschelt und krebst in Kinderhand

eine Möwe zerlegt ihre Beute

zwischen Ebbe und Flut glüht ein Wolkenfeuer

Wenn die Sonne den Horizont küsst
der Wind erregt atmet
beginnt die Zeit der Möwen
flüstern Rosen an den Hängen
warten wir auf das Meer

Der Tag schenkt der Nordsee blau
in den Prielen Vogelgeplänkel
Quallentod und Muschelscherben

Der Himmel viel Wind und Meer

Bugwellen treiben Möwengeschwader

Bojen tanzen zur Wellenmusik

auf Kurs das Boot durchs Watt aufs Meer

im Visier die Insel ein grünes Band

Langeoog

Auf Sand gebaut Spuren des Windes
ein längliches Eiland von Ost nach West
hügelt und sandet mit flatternden Ohren
angegraben von mörderischen Fluten
trotzt es dem meerischen Drängen
frisch geputzt harrt der Wasserturm
mit flatterndem L auf schwarz-rot-blauem Tuch
hinter den Dünen ducken sich
winderfahrene Häuser

PANORAMABLICK

Ein grauweißes Band spannt sich
um die Insel – das Meer gräbt Sandbänke an
weiße Wolken machen sich eilig davon
der Wind lässt ihre dunklen Brüder antanzen
die Dämmerung öffnet ihre Schleusen
überzieht die Scheiben mit Perlenvorhängen
der Sand wagt mit dem Wind ein Tänzchen
Büsche und Sträucher beugen sich
stürmischer Gewalt

Blicke aufs Meer

in flimmernder Ferne

wo der Himmel ins Wasser fällt

wachsbleiche Dreiecke

am Bildrand steigt Baltrum

aus den Wellen

Sandbänke umarmen Lagunen

Strandkörbe blicken ins Licht

durch die Dünen fächert der Wind

Behutsam blättert der Wind
in wehenden Wortfetzen
Spatzen folgen einem
holpernden Pferdefuhrwerk
der Sonntag scharrt
schon mit den Hufen
flatternde Hosenbeine
blauweiße Fahnen an
flirrenden Masten
Gummischuhkinder
durchpflügen den Strand
rote Kappen werden gezählt

Aufs Rad gesetzt

strampeln wir gegen den Wind

der Himmel spannt sich azurblau

die Sonne duldet nur Wolkenfetzen

scharfer Geruch von Holunder

und Heckenrosendüfte begleiten uns

Büsche zittern im Ansturm der Böen

Gräser silbern am Deich

Enten schnäbeln verliebt im Tümpel

mit spritzigen Kämmen

schillert die See weiße Segel flattern

In den Wirbel der Luft
schaumspeiende Ungeduld
aus graugrünen Wassern
eine Handvoll Sand
durch den Flaschenhals
gepresste Erinnerung
schenkt die See
glasige Gelatinekissen

Der Himmel bläst die Sonne frei

Wind tanzt durch die Dünen

ein Hauch von Silber schillert

Möwen äugen trippeln

erteilen den Dohlen Platzverweis

am Spülrand der See

Wellenschäume Muschelträume

Das Meer setzt seine Kinder
in den Sand in ihren Augen
spiegelt sich Wolkenungeduld
kichernde Vögel im Windspiel
die Sonne streut Lichtsplitter
über die gekräuselte See
verleiht dem Strandhafer
goldenen Glanz

Schietwetter

Möwengeschrei verhallt

im Getöse entfesselter Winde

die eiskalt über nackte Strände fegen

Gräser niederwalzen die See

in ein grollendes schäumendes

Ungeheuer verwandeln

einsame Wanderer

bahnen sich den Weg

durch den wirbelnden Sand

Schwarz wogt das Meer
Wellen werfen sich
ächzend an den Strand
Möwen kreisen in
den Wirbeln des Windes
schwarze Wolkenberge
kämpfen miteinander
ab und an rieselt Sonnengold

Aufgeregt sprachlos

atmet Neptun

Böen zerren an

seinem Zottelbart

das Meer wirft sich zurück

Mein Meer

donnert seit allen Zeiten

singt feuchte Melodien

sprüht atemlose Momente

auf der rollenden Straße

flüssiger Begierde

schaut blicklos aus tausend Augen

teilt Wasser schaufelt Sand

spuckt seine Wut ins All

drischt mit grauem Schlegel

übertönt Poseidons Rufe

im Sirenengesang

mörderischer Stürme

Verlangen nach Meer
spritziger Dialog
aus schaumigen Mündern
Wortfetzen auf salzigen Lippen
Klagen versunkener Städte
heulen aus dem Wellenfriedhof
der bleichen Gebeine
das Boot taumelt im Urgewühl
Hoffnungslose klammern sich
im versandeten Wrack reiben
sie schon die knochigen Hände
Verlangen nach Meer

Regenschwer scheut der Morgen
durchs Fenster stehlen sich
Nebelschwaden davon
haltlos sucht der Wind nach Sonne

Unruhe im Dorf Schornsteine
kreisten um Vogelschwärme
das Zittern der Bäume
ließ die Luft weinen
am Tag an dem mir
vor dem Himmel graute
jagten Katzen durch den Wind

Der Himmel hütet seine Herde
die bleiche Sonne rollt
wie eine verwirrte Kugel
durch Wolkengeschwader
nordisch kühl vagabundiert
der Wind durch die Dünen
eine Möwe wirft spöttische Blicke
auf unsere versandeten Gestalten
das Meer tilgt unsere Spuren

Robben tragen Friesennerz

Fischschwärme haben nichts zu vergeben

Boote proben den Landgang

Kapitäne würfeln um das letzte Hemd

die Wellen mögen nicht verzeihen

Seevögel konnten ungerupft entkommen

die Männer mit ihren schaumigen Bärten

werfen ihre Netze längst woanders aus

Plastikwelt

Das Meer ringt um sein Recht
weit schwimmt was Menschen lassen
Tüten Beutel Folien Flaschen
viele Jahre kreist der Plastikmüll
kleingeschreddert in den Wellen
das Meer schluckt
erschrickt erstickt Fische fressen
Menschen essen Meeresfrüchte
plastikverseucht frischer Fisch
auf den Mittagstisch

Sturmgespannte Dreiecke
linnenweiß gleiten lautlos
über gekräuselte Ebene
ihre Spitzen stoßen
ins lichte Wolkengrau
bis ihre Konturen
in zerzausten Vorhängen
zerfließen

Regenleise verschwindet

der Leuchtturm – die Windbraut

fällt über die Deichkronen her

in der Kneipe spießt der Wirt

die Zeche auf den Nagel

ein Korn noch – dieser Tag

gehört den Möwen – nur Treibholz

hört ihr Geschrei – die Zeiger

kreisen durch Nebelwehen

Du liebst die Fische

Im blauen Schein sonnt sich der Himmel

Wolkenschschwärme begleiten Fischzüge

in verschwiegenen Dünentälern

gedeiht die Liebe irgendwo lachen Vögel

in die Stille atmet das Meer

Über steingrauen Wassern verliert sich der Wind
jagen Riesenmedusen die Sonne
in den Dünen sitzen wir – lassen die Zeit
durch die Finger rinnen

Draußen im Ozean wo der Wind geboren
veredelt das Gold der Sonne die Wellen
an verlassenen Stränden
wagen Krebse den Landgang

Geboren aus Wogen
ohne Hast suchst du
im feuchten Sand
Treibgut Muscheln
krebst rückwarts
findest nur dich

In den Sand gemalt eine lachende Sonne
blicklächelt mit ihrer großen Schwester
die aus einem Wolkenfenster winkt

In den Dünen verkehrt der Wind
zaubert Licht verklärt dein Gesicht

Heckenrosen fordern Licht
zahlen mit lieblichem Duft
den die Falter so lieben
entblättert liegen wir
in den Dünen lassen uns
von den Möwen umkreisen
schmecken die Brise
spüren die Leichtigkeit
lassen den Tag versanden

Du liebst die Fische

Du grünes graues schwarzes silbernes
goldenes rotes Meer überall schwappst
du an die Ufer der Kontinente
ich mag es wenn du lächelst grollst
tobst schäumst deinen Launen
freien Lauf lässt die Fische liebst du
wie dich selbst prügelst Felsen
eroberst Land formst Inseln
wühlst im Sand schleuderst Boote
mordest und stiftest neues Leben
du gibst und nimmst immer mehr
wie menschenähnlich bist du Meer

Kein fester Stand
nur Schaumwellen
zu seinen Füßen
Schritt für Schritt
ertastet ein Kind
Muschelscherben
Sand und Meer

Nimm dieses Buch

in Himmelblau – ich las darin

Sandkörner rieseln durch die Seiten

die wir einander aufzogen

salzig schmeckt nach Meer

herbsüß der Sanddorn

in den Dünen – aus denen

wir die Möwen vertrieben

schauen wir ins Blaue

entblättern Seiten

die wir noch nicht kannten

spielen mit Worten

feiern den Tag

wie ein Gedicht

Bunt blüht der September

Sanddorn reift an den Hängen

Gräser flattern salzig grün

Büsche und Sträucher

schmücken sich in Weiß

Gelb und Blau

der Wind regnet Rosenblätter

Wellenschlag – Flügelrauschen
an fernen Stränden nagt die See
eine Silbermöwe über mir
entführt meine Gedanken
Sandkörner rieseln
meine Seele träumt vom Meer

Du Meer

näherst dich neugierig den Rändern

aller Länder zischst schlägst polterst

spielst mit Haien und Delphinen

die Wale lässt du walten

winkst den Vögeln mit deinen Wellen

gründelst in unendlicher Tiefe

besuchst untergegangene Städte

tröstest die Verblichenen

rollst entspannt an flache Strände

ziehst dich zurück

und kommst immer wieder

Verbündet in diesem Leben

trotzen wir den Stürmen

Hand in Hand ziehen

wir durch die Dünen

verlassen festen Boden

treiben ins Ungewisse

zählen die Sterne

und den Rest unserer Tage

Nachts wenn der Wind den Ahorn rührt
spreche ich Worte von Tagen am Meer
spüre die Wildheit der Böen
die Dünen beben lässt höre das Gezeter
der Vögel unter zornigen Wolken
greife in den goldenen Sand
lasse ihn durch die Finger rinnen

Rot liegt der Abend

Das Meer breitet seine Arme aus

Wellen wogen seinem Raunen

und Rauschen wollen wir lauschen

wir hören uralte Geschichten

vom Leben und Vergehen

erzählt von den Wogen

zu den Melodien des Windes

das Flüstern der Fische

und die Fragen der Vögel

Zwischen den Gezeiten
rufen Sandbänke nach Meer
in vergessenen Pfützen
spiegelt das Abendlicht
das Meer schiebt sein Gerippe
an den Strand
im verkrusteten Sekret
laufen Quallen auf

Rot liegt der Abend über den Dünen

verstummt ist der gefiederte Chor

Gräser singen leise Melodien

Inselrosen wiegen sich im Takt

Frau Luna stimmt mit silbernem Schein

in die Abendstille ein

Versteckt sich die Sonne

segeln die Fische in Schwarz

ein Sandsturm jagt

über gähnende Flächen

der Maler schaut

mit traurigem Pinsel aufs Meer

Trifft sich die Sonne hinter den Wolken
heimlich mit dem Mond
sperrt das Meer sein Fischmaul auf
versprüht die Brandung Dämmerlicht

Später Strand

Der Brettersteg stöhnt
möchte sich im Sand vergraben
Dünenrosen schütteln
unwillig die Köpfe
Strandkörbe hocken im Kreis
lassen die Flaschen kreisen
der Sonnenball zieht
errötend von dannen
ein bleicher Nachtgesell
lauert hinter den Wolken

Die abtauchende Sonne entflammt die Dünen

aus zitternden Hecken fallen Rosenblätter

wir atmen im Rhythmus des Windes

hören das Meer aus Muschelhörnern

betten uns in rosige Sande

warten mit dem Mond auf die Nacht

Abendstimmung

Frachtschiffe auf silberner Spur
die Sonne taucht ab zu den Ahnen
Unruhe verebbt in den Quartieren
Möwen treten zum Nachtmahl an
Strandkörbe übernehmen die Wache
der Mond schiebt eine ruhige Kugel
Wellen gewinnen Land

Nicht nur Schattenseiten

bitte mehr lichte Momente

des Mondlichts schimmernde Spur

auf schwarzen Wassern

erhellende Seiten zwischen

düsteren Deckeln

zünde ein Zeilenfeuerwerk

bis die Verse im Sternenlicht tanzen

Der Fischer holt das Netz ein
in seiner ruhigen Hand
zappelt der paillettenbesetzte Leib
zum letzten Mal krümmt
sich die Kreatur mit wundem Blick

Die Nacht ist mit Sternen geschmückt
der Mond ein stiller Zuhörer
verteilt Licht und Schatten
diese Stunden gehören dem Rauschen
der See dem Fangboot, das im Atem
des Meeres irrlichtert

Wind des Südens

.

Die canarische Sonne lacht
vom azurblauen Himmel
ihre Strahlen brechen sich
in den flimmernden Wassern
schäumend benetzt
die Gischt unsere Füße
der Wind liebkost
unsere Körper

An der Schwelle des Tages
Tagträume Schäume auf Wellenlänge
Wind fegt die Strände Irrwische eilen
leises Kichern aus Sonnenzungen

Wir gleiten hinein in diesen Tag

der uns mit seiner Frische empfängt

schauen auf feurige Wolkengeschwader

die unbeständig im Wind treiben

begegnen der goldenen Sonne

die uns die Lider schließen lässt

lassen die Palmen zur Begrüßung wedeln

Wir flanieren am Strand
schauen nach den Wolken
die ihr leichtes Tagwerk tun
trinken das Licht des Südens
spielen mit dem Wind
und den Wellen

Smaragdgrüner Atlantik
ewig wogender Teppich
silbrig glitzern die Wellen
aus weißen Kämmen
spritzt schäumende Gischt
Schleierwolken umtreiben
das goldene Licht
Vögel segeln elegant
im auffrischenden Wind
Saharadünen wandern
die Küste entlang

Straff spannt sich das himmlische Blau
über der in Licht gebadeten Insel
der Atlantik ist erwacht und singt
seine uralte Melodie Wellen formen
rollende Stufen bei jedem Ausatmen klackern
und tanzen geschliffene Steine

Salamander

Sie lieben die Wärme
der Steine auf denen es
sich gut züngeln lässt
beäugen den Betrachter
flüchten vor bebenden
Schritten in ihre Höhle
bis die Stille wiederkehrt

Danke für diesen Tag

an dem uns die Sonne rief

wir in Blütendüften schwebten

der Gesang der Vögel uns leitete

dein Lachen mich entzückte

das Raunen des Windes

unser Begleiter war

Ein Schiff mit steingrauen Flügeln
von Wolkenfratzen verfolgt
heult der Wind mit dem Meer
Silberflimmern in der Ferne
ein Lachen hängt in der Luft
Nixen tanzen im Spiegellicht
das Sonnenboot nimmt Kurs
auf den Tag

Wir schauten aufs Meer und sahen das Boot

ein dunkler Punkt am glitzernden Horizont

näher und näher kam es dunkle Gestalten

dichtgedrängt reckten die Köpfe

sprangen ins Wasser schoben und zogen

das Boot ans Ufer torkelten fielen erschöpft

in den Sand Helikopter Sirenen Rettungskräfte

nahten Leblose wurden geborgen

Touristen rannten gafften knipsten

Stille Nacht raunt das Meer

hütet der Himmel seine Herde

stille Nacht lacht die Sonne

flüstern die Palmen

schmettert die Blaskapelle

singt der Knabenchor

jubilieren die Vögel

stille Nacht

kräht das Kind in der Krippe

Ein Hauch von Weihnacht
himmlisches Festtagsblau
frei von Wolkenrandale
klares Sonnenlachen
Feliz Navidad
meerisches Getöse
das Kind von Bethlehem
der flatternde Bart
zitternde Palmenspitzen
im Hauch des Windes

Sternenklar träumt die Nacht

prügeln die Wellen mit Macht

treibt der Mond sein Spiel

mit geisterhaftem Licht

verzaubert Bäume

blinzelt in schlafende Fenster

Autorenhinweis

Dieser Gedichtband enthält einzelne Gedichte,
die meinen Lyrikbänden „Blicksinnig" (2011) und
„Zeit für ... Gedichte" (2015) entnommen wurden.

Verzeichnis aller Gedichte

1 | Sprache der Möwen

2 | Blicke aufs Meer

3 | Schietwetter

4 | Du liebst die Fische

5 | Rot liegt der Abend

6 | Wind des Südens

Peter J. Heuser

»Zeit für ... Gedichte«

CreateSpace 2015, 158 S., TB

Printed in Germany

ISBN 978-1-5172-4797-3

Erhältlich bei www.amazon.de

Peter J. Heuser

ZEIT WEISE SICHT

WEISE SICHT ZEIT

SICHT ZEIT WEISE

GEDICHTE
Verlag Mainz

Peter J. Heuser

»ZEITWEISE SICHT, WEISE SICHT ZEIT,

SICHT ZEIT WEISE«

Gedichte

Verlag Mainz, Aachen 2013, 98 S., TB

ISBN 978-3-8107-0166-4

Peter J. Heuser

»BLICKSINNIG – sta(d)tt liebe me(e)hr«

Gedichte

Verlag Mainz, Aachen 2011, 94 S., TB

ISBN 978-3-8107-0112-1